AF501698

DISCOVRS DES EGLISES REFORMEES DE LA SOVVERAINETE' DE BEARN touchant la main leuée des biens Ecclesiastiques accordée par le Conseil du Roy aux Euesques Romains.

A LA ROCHELLE,

Par GVILLAVME DELACHAVLX, demeurant pres le College.

Suiuant la coppie imprimee à Londres par George Bichobs. 1618.

DISCOVRS

[illegible] EGLISES

REFORMEES DE LA

SOUVERAINETE DE BEARN

touchant la main levée des biens Ecclesiastiques accordée par le Conseil du Roy aux quelques Romains.

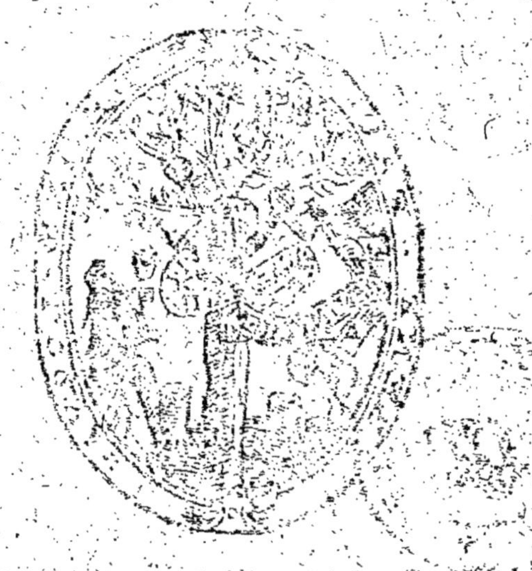

A LA ROCHELLE,

Par [illegible], demeurant pres le College.

Sur la copie imprimee à Londres par George [illegible]

1618.

DISCOVRS DES EGLISES REFORMEES DE LA SOVVERAINETÉ DE BEARN TOVCHANT la main leuée des biens Ecclesiastiques accordée par le Conseil du Roy aux Euesques Romains.

LE ZELE se relasche & refroidist durant l'aise & la prosperité au contraire s'augmente & s'enflamme, parmi les difficultez & la resistance. Tandis que l'Eglise Romaine a esté soubs la croix, agitée par les persecutions sanglantes des Empereurs, elle a esté pure en doctrine, saincte en conuersation, feruente en zele, inflexible en constance. Mais la paix lui ayãt esté rendue par le calme & la prosperité, la doctrine peu à peu s'est abastardie & corrompue, le zele & la pieté grandement alentie, tellemét que l'Eglise, qui durant la persecution ne pensoit qu'aux martires, a commencé de songer aux chaires & aux dignités, à se reuestir de pourpre & d'escarlate, qui auparauãt n'estoit rinse & empourprée que de son sang, de courir apres les richesses de la terre qui n'estoit auparauant trauaillée d'autre soin que de thezau-

rieur au Ciel. Comme vn corps chargé de graisse se remplist de mauuaises humeurs, se rend pesant & inhabile à tous exercices, Ainsi l'Eglise Romaine estant prodigieusement accreuë en richesses par la largesse profuse des Empereurs, s'est renduë lasche aux exercices de la pieté, par le faste & la pompe les vices y sont entrés à la foule, l'orgueil,
l'ambition, l'auarice. Isidore Pelusien di- *Is. 2. Epi.*
soit que lors que les temples estoient *147.*
moins parez, l'Eglise abondoit de graces
spirituelles, & reluisoit de splendeur de vie, mais apres que les temples ont esté superbement enrichis, incrustés de marbres de toutes sortes, l'Eglise a commencé d'estre vuide & desnuée de graces. Tādis que les vaisseaux de l'Eglise ont esté de bois & de terre, les Pasteurs estoient d'or, mais quand on a fait des vaisseaux d'or & d'argent, les Pasteurs sont deuenus de bois & de terre, car la pieté a engendré les richesses, mais la fille a deuoré la Mere.
Nous ne ferons point esclater icy les
complaintes de S. Bernard, de Petrar- *Bernard. lib.*
che, du Pape Pie II. nous nous con- *4. de cōsider.*
tenterons seulement du dire de Gui- *ad Euge. c. 3.*
chardin historien papiste, disant, qu'a- *Aen. Syl.*
lors les *soins & affaires des Papes com-* *epist. 66.*
mencerent à estre non plus la saincteté
de vie, non plus l'auancement de la Reli- Guichardin
gion, mais les armes & les guerres, manians liu. 4.
les choses sacrées auec pensées & mains

sanguinolentes, & puis eux & toute leur Cour estans gorgés de richesses, les pompes, le luxe, les mœurs deshonestes s'en ensuiuirent, auec les paillardises & voluptés.

Le mal n'en est pas demeuré là, ains on en est venu si auant que les Ecclesiastiques Romains enrichis par les liberalitez des Empereurs & des Roys, ont dressé leurs testes, & leué le talon contre leur bien-faiteurs. Car mesme en la lumiere de ce siecle, en la clarté des Escritures sainctes, qui assuiettissent toute ame aux puissances superieures, ils taschent de secouer le ioug des Princes, de s'exempter de leur authorité, disans que les Rois ne sont plus les superieurs des clers, que leurs personnes ne peuuent estre tirees deuat leur tribunal, ny punies par leurs Iuges, que leurs biens sont immunés de toutes tailles & impots, leur chef, à sçauoir le Pape foudroye les Rois par ses excommunicatiōs, leur met le pied sur la gorge, leur arrache les sceptres, renuerse leurs couronnes, transfere leurs Royaumes à qui bon luy semble, libere & absout leurs subiets du serment de fidelité & obeissance, se vante insolemment d'auoir vne souueraine puissance sur tous les Rois & Princes de la terre.

Bellar. lib. 1. de Cleric. c. 18.

Sixte V. en la bulle contre henry. 3 Roy de Frãce. *Nos in supremo iustitiæ throno collocati, suprema*

Que reste-il donc sinon que les Princes de la terre abbaissent les sourcils haut esleués, depriment cet orgueil, ostét à ces gens les priuileges & auantages qu'ils tiennent de leur largesse, puis que * *Priuilegium amittere qui concessa abutitur potestate.* Froissard raconte qu'en l'an 1360. vn frere mineur nommé Iean de Roquetaillade taxant auec paroles de liberté l'orgueil & superfluité des Ecclesiastiques disoit au Pape Innocent 6. & à ses Cardinaux assemblés en Auignõ, Qu'il y auoit vn iour vn oyseau d'vne beauté esmerueillable, mais desnué de toutes plumes, les autres oyseaux portés de curiosité venoyét de tous costés pour le voir, & estans rauis en admiration pour vne si excellente beauté, eurét pitié de le voir nud, ils consultent doncques entr'eux par quel moyen ils pourroient couurir sa nudité, & arrestét qu'vn chacun lui departiroit de ses plumes, & l'en pareroit; L'oyseau se voyant couuert des plumes des autres commence à s'enorgueillir, à les desdaigner, les poursuiure, les bequéter & poindre, Eux ne pouuans supporter vn tel mespris, & offenses par vne telle ingratitude, s'irritent à l'encontre de luy, arrachent & retirent leurs plumes, & le remettent au premier estat: Ainsi, disoit le Moine au Pape & aux Cardinanx, vous en arriuera-il, Les Rois vous ont eslargi des richesses iusques à regorger, vous ont esleués en honneurs & dignitez outre

in omnes reges & Principes vniuersæ terræ, non humana, sed diuina institutione potestatem obtinentes, &c.

* 11. *quest.* 3. *c. priuil.*

* *vol.* 3. *ch.* 24.

mesure, vous vous en estes enorgueillis & souflenés contre ceux, quand ils vous auront osté ces richesses, dont vous abusez à luxe & à turpitude, vous demeurerez nud, & retournerez en vostre premier estat. Qui est celuy de vous, adioustoit-il qui ose dire que Pierre ou Syluestre marchassent par le monde accompagnez de deux ou trois cens cheuaux. Ceste prophetie a son fondement en l'Apocalypse, là où il est dit que les Rois de la terre bailleröt leur puissance & authorité à la beste mais qu'à la fin ils la haïront, & la rendront desolée & nue.

Apocal. ch. 17. v. 13. 16.

La Reine Ieane de glorieuse memoire, que Dieu voulust eslever sur le throsne pour faire voir au monde ce que peut pour sa gloire, & la restauration de son Eglise vne souueraine puissance auec vne singuliere pieté, ayät trouvé le service de Dieu grandement profané, l'Idolatrie dans les temples, la remission des pechés en vante & aux encheres, le merite de Christ aneanti par le merite des hommes, le benefice de sa croix ravalé par les satisfactions humaines, les absolutions & indulgences papales, les Ecclesiastiques au comble de tout orgueil prostitués aux exces, à la pompe, aux dignités mondaines iusques à exercer les charges de chancelier & lieutenant de Roy dans le Pays contre le commandement de l'Apostre, *nul qui va à guerre ne sem-*

2. Timot. chap. 2. v. 4

pesche des affaires de ceste vie, Elle, dis-ie, à l'exemple des bons Roys Iosias, & Ezechias restablit la pureté du seruice de Dieu, chasse l'Idolatrie des temples, en bannist le traffic, renuerse les tables des changeurs, fait prescher par tout la doctrine de la reconciliation & salut des hommes en vn seul Iesus Christ, le tout neantmoins sans tulmute & effusion de sang, sans contraindre ou violanter les consciences, car elle laissa au choix & à la liberté de ses subiects l'vne & lautre religion. Mais comme les animaux mortellement blessez s'eslancent auec plus de fureur & d'impetuosité, ainsi la superstition se sentant mortellement atteinte redouble ses efforts s'irrite & s'esmeut contre la Reine Ieane, Car nos aduersaires voyans la doctrine de l'Euangile regaigner le dessus, & les enseignes de l'Antechrist s'abbatre en Bearn, se revolterent de l'obeissance de ladite Reine, prindrent ses villes, en chasserent l'exercice de la religion massacrerẽt les Ministres, firent administrer la Iustice au nom d'vn autre Prince, constituerent des officiers en son nom, se saisirẽt des deniers & rantes de la Reine, & ayant proietté de la prendre prisonniere, la contraignirent de se retirer promptemẽt, & par la fuite pouruoir à la seureté de sa personne. S'estant retiree à la Rochelle elle enuoye le Comte de Montgomery pour reconquerir son Pays, & dompter ses rebelles suiects, le Comte ayant fait leuer le siege de Nauarrens, & remis tout le pays à lobeissance de

la

la Reyne se saisist en l'authorité d'icelle des biens Ecclesiastiques, les ostant des mains des iniustes detenteurs pour les appliquer à leur droit & legitime vsage, la saisie fut faite en l'annee 1569. & en l'annee 1570. ladite Dame à la requisition des estats generaux, introduit la reformation par tout son pays, oste la liberté de la Religion à nos aduersaires pour peine de leur felonnie & rebellion, reigle l'vsage des biens Ecclsiastiques, les destine à l'entretien des Pasteurs seruans au ministere de la parole du College des seminaires, povres & autres œuvres pies & sainctes, pour cet effect dresse vn conseil Ecclesiastique composé de deux Conseillers, de deux auditeurs de la chambre des comptes, de deux Gentils-hommes, de deux Pasteurs, & deux personnes qualifiées du tiers estat, lesquels auec vn procureur Ecclesiastique, & Thresorier general, eussent la direction & conduite de ces deniers. Apres la mort de la Reyne le Roy Henry le grand son Fils en l'annee 1581, iura solemnellemẽt en pleins Estats de maintenir ses suiects en leurs fors & coustumes, & leurs conseruer inuiolablement la iouissance de tous les ottrois & avantages qui leur auoient esté faits, ou par sa maiesté ou par ses predecesseurs à la requisition des estats generaux. Ces reglemens appuyés sur les promesses des Rois, solemnellement faites sembloient estre fermes & asseurés pour tousiours, bien tost apres neantmoins on commença de les alterer, car le sieur de Mieussens pour lors Lieutenāt general du Roy, abolit ledit conseil & mit les biens Ecclesiastiques soubs la main du Roy, sans en changer neantmoins ou diuertir ailleurs l'vsage, ce qui ne fust pas sans opposition, car les premiers estats generaux formerent la dessus vne forte & vigouruse plainte, protesterent de l'entreprise, & reitererent encores toutes les années les mesmes plaintes & protestations.

Nos aduersaires d'vn costé ne pouuans supporter qu'auec impatience l'affermissement de nostre estat, d'autre costé estans marris de se voir priués de l'exercice de leur religion pour peine de leur desobeissance, meuuent tous ressorts, employent tout ce qu'ils ont d'art & de puissance pour en obtenir du feu Roy le restablissement, lui iugent raisonnable qu'ils iouissent en Bearn de pareils auātages que ceux de la religion en France, leur permist en l'année 1599 la liberté de leur religion en quelque lieux du pays, remist les Euesques & pourueust suffisamment à leur entretien & des autres Ecclesiastiques Rom. & neantmoins par Edit perpetuel & irreuocable à iamais, verifie dans le conseil à la requisition de nos parties, confirme & ratifie les susdits reiglemens en ces termes, *Entendons neantmoins que nostres reglements & de nos predecesseurs demeurent en leur forme & vigueur pour les articles auquel n'est derogé par iceluy nostre present Edict.* Depuis la mort du feu Roy Henry le grand, sa Maiesté a present regnante a ratifié & confirmé plusieurs fois tout l'estat & ordre establi pour le maintien & cõseruation de la Religion reformee en ce pays, & ce par plusieurs patentes & declaratiõs authentiques receües & verifiees au Conseil, le premier de l'annee 1610., la seconde l'annee 1611. la troisiesme de l'annee 1614 la quatriesme de l'annee 1615 par lesquelles le Roi declare que son intention est, que tous Edits & declarations tant du feu Roy, que siennes faites en nostre faueur soient & demeurent en leur force & vertu inuiolablement gardees & obseruees suiuant leur forme & teneur.

Nostre estat establi sur tant de promesses auroit esté ferme & asseuré, s'il y auoit rien de ferme sous le ciel, & nos aduersaires se seroient contentés des auantages qui leur ont esté faits par l'Edit de 1599 si leur ambition n'estoit sans bornes, & leur vengēce sans fonds. Depuis ce temps dont ils n'ont cessé d'importuner les Rois par leur demandes, d'empieter & gagner tous les iours quelque chose sur nous au preiudice des concessions à nous faites, tellement que deux Euesques iouissent auiourd'hui de plus de biẽs que tous les Pasteurs de Bearn ensemble, Mais parce qu'ils n'ont iamais aprins de dire assés, ils ont continué en leurs poursuites violentes, iusques à ce qu'estans portés par le Pape & le Clergé de France, & ayans rencontré vn bureau fauorable, ils obtiennent par Arrest du Conseil du Roy nous absens & sans voir nos pieces, la main leuee de tous les biens Ecclesiastiques. Est-ce ainsi doncque tant d'Edits & patentes sont obseruees en leur force & vigueur? Sommes nous donc au siecle de Lysander, qu'on deceuoit les enfans par les ieux des osselets, & les hommes par sermens? On dit que toutes mutations subites sont dangereuse, & presagent quelque grand mal: car la nature ne va point d'vn extreme a vn autre sans passer par le milieu. Nous auons possedé l'espace d'enuiron cinquante ans tout le fonds Ecclesiastique, auiourd'hui par vne procedure violente on nous l'oste tout pour le donner tout à nos aduersaires, & que peut on attendre de ce changement si subit & qui porte les affaires tout à vn coup d'vn extremité à vne autre, que de lamentables effets, de funestes euenemens? Le fonds Ecclesiastique prouient partie du reuenu de nos biens, partie du bien de nos aduersaires, ils ont leurs Pasteurs, nous auons les nostres, & quelle iustice y a-il qu'eux seuls engloutissent & leurs reuenus & les nostres, & cependant que l'on nous renuoye ailleurs pour nostre entretien? L'Empereur Charles V, ayant recognu combien ceste extremité est capable d'alterer la tranquilité publique, choisit iadis vn honneste milieu. Car l'histoire raconte qu'au temps que Luther commença d'esbranler toute la terre au seul son de sa predication, l'Empereur ne pouuant at-

Plutarch. en sa vie.

Sleid. lib. 15. ann. 1547. Ecclesia, cuius

rester l'efficace de la parole de Dieu qui s'insinuoit dans les cœurs des hõmes, pour les conuertir de la puissance des tenebres à Dieu, permist l'exercice libre de l'vne & lautre religion, iusques à vn concile, qu'il promettoit de conuoquer pour terminer tous differens, cependant obligea tous ses suiets à la paix & cõcorde, & pour la mieux cimẽter dispensa auec telle proportion les biens Ecclesiastiques qu'il en donna aux Protestans autant qu'il leur en faloit suffisamment pour l'entretiẽ de leurs Pasteurs, Academies, & povres.

cunque sint religionis, vtrobique facultates suas obtineant, ex vsque bonis decidatur ecclesiæ ministris, scholis, & egestate pressis.

Thuan. hist. li. 2. Ecclesiastici cetus vtram vitram religionem profiteantur, facultates vtrobique suas obtineant, ex vsque ministris scholis & egenis, quantum satis erit, erogetur.

On nous promet voirement vn fonds de pareille valeur à celui qu'õ nous oste, mais comment pouuons nous croire que ce fonds ne nous sera point osté au premier iour, & ne sera point diuerti ailleurs aux premieres necessitez de l'Estat? Si on reuoque tant d'Edits patentes & Arrests, quelle asseurance pouuons nous auoir qu'vn seul irreuocable à iamais? Si on nous oste vne possession de cinquante ans, comment veut on que nous soyons persuadés que la iouissance de ce fonds nous sera ferme & asseurée à tousiours? Et si le Roy pense ne pouuoir en bonne conscience consentir que le fonds Ecclesiastique, qu'il juge n'estre pas à lui, soit employé à l'entretien de ce qu'on appelle heresie, pensons nous que sa conscience ne lui dicte à l'aduenir qu'il n'y peut pas employer son propre domaine? Le Pape & le Clergé de France qui ne sont iamais en peine, que quād nous n'y sommes point, qui ne sont iamais en repos que quand on nous trauaille, ne mettront-ils pas en œuure toutes sortes d'artifices pour lui persuader que son domaine se doit employer pour les necessités de son estat, & non pour entretenir les heretiques?

Et puis que leur loix portent qu'vn Seigneur qui ne voudra reburger sa terre de l'heresie, sera degradé de son authorité, les suiets libres & absous du serment de fidelité, son pays donné au premier conquerant, comment supporteroyent-ils qu'auec impatience vn Roy, qu'ils croiront eschauffer & fomenter l'heresie au lieu de l'esteindre, estre le fauteur & le nourricier des heretiques, au lieu de les exterminer? Et puisque le Domaine des Rois est inalienable, que par nos loix fondamentales du pays, le souuerain Seigneur alienant son domaine, son successeur est obligé de le retirer, quelle ferme asseurance pouuons nous conceuoir de la validité de ce remplacement? & ne sert de dire que le Roy s'en reserue tousiours la proprieté, car si l'assignation est valable, comme on nous le pro-

Le Conci. de Lateran soubs Innoc. 3. c. 3.

met, il priue à tousiours de l'esperance d'en pouuoir iouir, or quelle difference y a-il entre aliener la proprieté d'vn fonds, & perdre à iamais la iouïssance d'icelui? Quel grand aduantage y a il d'estre Seigneur de la proprieté, & estre forclos pour tousiours de l'vsufruict & reuenu d'icelui? Et quād mesme ce fonds nous seroit asseuré, ce neantmoins nous receuons vn manifeste tort, en ce qu'exerçans nos charges dans le pays, on nous renuoye neantmoins hors d'icelui pour quester nos gages parmi des gens de tres-difficile conuention, & qui plus est, tellement ennemis, pour la pluspart de nostre religion, qu'il seroit tres-aises de faire rencontrer au recouurement de ces deniers tant de difficulté, que cela nous oblige à quitter & abandonner nos poursuittes. Mais ce qui nous poind & nous naure le plus, est, qu'en nous bannissans du fonds Ecclesiastique, c'est nous declarer par Edict heretiques, & hors de l'Eglise, n'ayans aucune communion auec elle, ny aucune part en ses biens: or le Roy ayant iuré en son sacre l'extermination des heretiques, que reste il sinon que nous ayans vne fois declarés heretiques, & tirés hors de l'Eglise par vn acte si authētique, on nous tire puis apres du Monde par vn acte plus tragique & sanglant, que nous ayans vne fois osté nos biens auec tāt de seuerité, on nous oste nos vies auec violence. On croira de nous ce qu'on voudra, les opinions sont libres, mais que par Edict on nous declare heretiques & hors de l'Eglise, c'est vn opprobre, vne fle-strisseure de laquelle nous tascherons tousiours de nous redimer au pris de ce que nous auons de plus cher au monde

Mais dira on, le Roy ne pouuoir moins faire que d'accorder aux Euesques la recreance & main leuée de leurs biens, Ouy: mais ce qui nous greue & blesse le plus, c'est qu'il leur baille les nostres. Car nous voudriós bien sçauoir des Euesques de quel droit & par quel titre le disme de nos reuenus leur appartient. Soubs le vieux Testament les Iuifs estoyent voirement obligés par le commandement de Dieu de donner le disme de leur reuenus aux Leuites, parce que n'ayans point de portion assignee en la terre de Canaan, il estoit raisonnable qu'ils fussent compensés d'ailleurs : mais ceste loy n'ayant eu de force que dans le destroit de la Palestine, & iusques à la venue de Christ qui a deliuré les Chrestiens de l'obseruation d'icelle, maintenant elle ne nous oblige pas plus que les ceremonies de la loy Iudaique, dont la fin & l'accomplissement est en Christ, seulement la parole de Dieu oblige tous les Chrestiens de contribuer de leurs biens pour la nourriture de leurs Pasteurs, mais ne les oblige point de donner precisement la dixiesme partie plustost que quelqu'autre. Si l'on nous dit que les dismes sont deux aux Ecclesiastiques par les constitutions des Empereurs, Nous disons premieremẽt que les Empereurs ont accordé les dismes aux vrais

& legitime

& legitimes Pasteurs, à ceux qui s'emploient à l'œuure du Ministere, à l'entretien de la pureté du seruice de Dieu, Mais depuis que la cité loyale est deuenue paillarde, que les Ecclesiastiques au lieu de garder les veilles de la nuict sur leur troupeaux sont deuenus chiens muets, guettes aueugles, Pasteurs endormis, Euesques idoles, au lieu de conseruer la pureté du seruice de Dieu, ont rempli l'Eglise de superstitions & d'Idolatries, ils sont decheus des auantages qu'ils auoient receus en qualité de fidelles seruiteurs en la maison de Dieu, tellement que les Rois & Princes qui sont les nourriciers de l'Eglise, leur ont peu oster la vigne du Seigneur, qu'ils laissoyent deperir, la donner à d'autres ouuriers, les despouiller des priuileges & auantages qu'ils auoyent receu d'eux, pour les transferer à d'autres. La Reyne Ieanne l'ayans fait pourquoy n'acquiesce-on à ses reglemens?

En second lieu nous disons que les constitutions des Rois & Empereurs sur ce fait on eu leur fondement sur le droit diuin, car la parole de Dieu oblige tous les fideles de donner à leurs Pasteurs, qui trauaillent en l'Eglise, de leurs biens pour leur entretien & nourriture, mais les Empereurs ont ordonné que ce fust la dixiesme partie, la parole de Dieu commandant la chose quant à la substance, les Empereurs l'ont reglee quant à la quantité, tellement que ceux qui sont exempts par la parole de Dieu de donner de leurs biens aux Ecclesiastiques Romains, ceux la ne sont point obligez par les reglemens des Empereurs de leur en donner la dixiesme partie: Or la parole de Dieu ne nous oblige point de donner quelque chose aux Ecclesiastiques Romains, ils ne sont point nos Pasteurs pourquoi donc retireront-ils de nous les auantages que nous deuons seulemēt à nos Pasteurs? Ils ne trauaillent point pour nous, pourquoi donc receuroyent-ils salaire & recompence de nous? Ils ne nous sement point les choses spirituelles, pourquoi donc moissonneroyent-ils les choses charnelles? La parole de Dieu dit, *Qui va a la guerre à sa solde? qui plante la vigne & n'en mange* 1. Cor. 9. 7. *point de fruict? qui paist le troupeau &* *ne mange point du laict du troupeau?* Mais quelle iustice y a-il que ceux-là prennent solde de nous, qui nous font la guerre, & dressent ouuertement leur baniere contre nous? que ceux là se vestent de la laine, & se nourrissent du laict du troupeau, qui ne sont point les Pasteurs du troupeau? que ceux-là mangent du fruict de la vigne, qui ne la cultiuent point, ains qui taschent d'en despesser & rompre la closture pour entrer dedans, la desgaster & reduire en desert?

En troisiesme lieu quand nous pressons à rend-

uersaires l'obeissance & subiection des clercs enuers les Rois, & que pour preuue de nostre dire nous inculquons ce qu'enseigne l'Apostre, *Toute ame soit subiecte aux puissances superieures*, ils eludent l'authorité de ce lieu en disant, que les clercs doiuent obeir à leur superieurs, & par consequent aux Rois tandis qu'ils sont leurs superieurs, mais que maintenant les clercs estans absous & affranchis par authorité du Pape de la puissance des Rois, les Rois ne sont maintenant plus leurs superieurs, & par cõsequent ils ne doiuent plus obeissance aux Rois, Nous disons tout de mesme que quand les Empereurs par leurs loix auroyent ordonné de payer les dismes aux Ecclesiastiques Romains, cela s'entend tandis qu'ils sont nos Pasteurs & nos superieurs, mais maintenant ils ne sont plus nos superieurs, Dieu ayant rompu le ioug de nostre seruitude, & nous ayant deliuré de leur authorité, ils ne sont plus nos Pasteurs, depuis que nous nous sommes separés de leur communion, eux s'estans premierement separez de Dieu par leur Idolatrie, laquelle estant vne paillardise spirituelle romp le nœud du mariage & de la communion que nous auons auec lui, le Roi par ses Edicts nous promettant l'exercice libre de nostre Religion, nous promet aussi de ne recognoi-

Rom. 13. 1.

Bellarm. lib. 1. de cler. cap. 28.

stre point les Ecclesiastiques Romains pour nos superieurs ou Pasteurs? pourquoi donc voudroit-il qu'ils tirassent de nous les dismes qui est vn acte de superiorité, vn tiltre, selon eux de domination? pourquoi nous obligeroit-il de contribuer de nos biens pour leur entretien qui est vn tesmoignage de recognoissance? nous voudroit on contraindre à faire des actions contraires à nostre profession? ne nous forçant point à recognoistre de parole les Ecclesiastiques Romains, nous voudroit-on contraindre à les recognoistre en effect?

Si l'on nous dit que les dismes sont deus, non par les constitutiõs des Empereurs; mais par les loix Ecclesiastiques, comme nos aduersaires en viennét là, Nous respondons que quoi que l'origine de ce reglement soit douteuse, ce neantmoins il est fort probable, qu'il a esté fait au commencement par l'Eglise, & depuis confirmé par l'authorité des Empereurs Chrestiens, ce qui nous persuade, c'est qu'il est fait mention des dismes qui se payoient aux Pasteurs, auant qu'il y eust des Empereurs dans l'Eglise, comme dans Origene & dans S. Cyprian. le sens de ce reglement est qu'estant com-

Thom. 2. 2. que. 87. art. 1. Ca iet. ibid. Bellar. lib. 1. de Cler. cap. 25. Greg. valent. in 2. 2. disp. 6. quest. 5. punct. 1.

Ori. In Num. cap. 18. hom. 11. Decet & vtile est etiã sacerdotibus Euangelij offerri primitias, è contra rio & indecens

mandé par la parole de Dieu, que ceux qui seruent à l'autel, participent à l'autel, que ceux qui annoncent l'Euangile viuent de l'Evangile, il est vtile & bien seant que les fidelles donnent à leurs Pasteurs la dixiesme partie de leurs reuenus pour estre conuertis non seulemēt à leur nourriture, mais aussi au soulagement & entretien des poures, vefues, orphelins, rachapt des captifs, bastimens & reparations des temples, & autres œuures pies & sainctes. Ce reiglement tant s'en faut qu'il preiudicie à la iustice de nostre cause, qu'au contraire il l'establit & la fortifie: Car comme il oblige les fidelles de donner le disme de leurs reuenus pour l'entretien de leurs Pasteurs, & autres œuures pies, aussi n'y a il point de loy, ni de reglement qui les oblige à nourrir les Pasteurs des autres. Il n'y a ni Canon, ni constitution Ecclesiastique qui oblige les Chrestiens de France d'entretenir de leur dismes les Ecclesiastiques d'Italie, ou les Chrestiens d'Italie de nourir les Ecclesiasti-

Et indignum existimo, ut is qui Deum colit de fructibus terra quos dat Deus non offerat primitias sacerdotibus.) Cypr. lib. 1. epist. 9. *hec ratio & forma in clero tenetur, ut qui in Ecclesia domini clerica ordinatione promonētur, in nullo ab administratione diuina auocentur, sed in honore Sportulantim fratru tanquam decimas ex fructibus accipientes, &c.*

ques d'Afrique, estant raisonnable que les Pasteurs reçoiuent salaire des Eglises dans lesquelles ils trauaillent : Que si les loix de l'Eglise ne nous obligent point d'entretenir ceux qui ne sont pas nos Pasteurs pour estre separés de nous par distance de lieux, nous obligeroient elles à fournir l'entretien à ceux qui ne sont point nos Pasteurs pour estre separez de nous en doctrine & profession? Si nous ne sommes point obligés par aucun droit de donner salaire à ceux qui ne trauaillent point pour nous, serions nous tenus d'en donner à ceux qui trauaillent incessamment contre nous? Mais nos aduersaires par l'Eglise entendent tousiours la Romaine, auec pareille subtilité que s'ils disoyent que par le monde il faut entendre la France, ou l'Espagne, quand cela seroit & qu'ils auroyent verifié que les dismes sont deus aux Euesques Romains par authorité de l'Eglise Romaine, cela ne fauorise en rien leur cause, & n'empire point la nostre. Premierement l'Eglise Romaine est partie en cest affaire, car c'est elle qui demande le disme de nos reuenus, & donc seroit elle ouye, seroit elle creue en sa propre cause? Et nous serions nous obligez de prendre de son iugement en ce qui la concerne? En apres nous auons fait diuorce auec l'Eglise Romaine, nous n'auons plus de societé, plus de communion auec elle, nous sommes absous & affranchis de son authorité, le Roy le sçait & le permet par ses Edits, & si nous ne releuons point de l'hautorité de l'Eglise Romaine és autres choses, pourquoi serions nous obligés de dependre de son authorité en la decision de cet affaire qui la touche & la regarde? Autrement si on nous contraint de payer les dismes aux Euesques Romains seulement parce que l'Eglise Romaine l'ordonne, que reste il sinon qu'on nous contraigne d'aller à la Messe, & embrasser la doctrine de la Papauté, parce que l'Eglise Romaine le commande?

Nous concluons donc que c'est contre droict & raison qu'on nous despoüille auiourd'huy de nos biens pour en inuestir nos parties, qu'on oste à nos Pasteurs ce qui leur est iustement deu pour le diuertir à l'entretien des excés & desbauches des Ecclesiastiques Romains. Et là dessus si nos peuples s'esmeuuent, s'ils laissent aller quelque parole de liberté pour tesmoignage de leurs iustes ressentimens, le doit-on trouuer estrange? Serions nous semblables à Samson, lequel tandis qu'on luy coupoit ses cheueux, esquels consistoit sa vigeur & sa force, dormoit profondement sur le giron de Delila? On nous coupe auiourd'huy nostre force, on nous oste les moyens de subsister, & serions nous insensibles à nostre mal, nous endormirons nous en vne profonde & lasche securité? Pourrós nous voir sans estre à bon escient esmeus nos ennemis se vestir de nos despouilles, s'enrichir de nos biens, s'engraisser de nostre substance, & de nos ruines se faire eschelle à ceste Babilonique grandeur, où ils s'en vont estre esleuez? Pourrions nous voir sans vne iuste cholere en la perte de nos biens, la perte de la Religion, la ruine de l'Eglise, & le surhaussement de celle de nos aduersaires? Car à proprement parler c'est à la Religion qu'on en veut, c'est l'Eglise qu'on attaque, on sçait bien qu'on peut esteindre vn feu ou en versant de l'eau dessus, ou en lui ostant la matiere dont il s'entretient; qu'on tue vn homme ou en lui donnant d'vne espee à trauers le corps, ou en lui soustrayant les alimens necessaires; ceste derniere voye fait moins de bruit, & tient moins, ce semble de la violence: mais tousiours se termine elle à mesme fin. Car puis que les moyens sont les nerfs de l'Eglise, qui la font mouuoir aux exercices externes du seruice de Dieu, maintenant qu'on nous les oste, que deuiendra nostre Eglise qu'vn corps perclus & inutile à tous mouuemens? Et puis que des esprits durant vn long exil s'effarouchent & se forment à la vengeance, quel traittement deuons nous attendre de nos aduersaires remis en la iouissance des biens & grandeurs dont ils auoyent esté si iustement depossedés? Et si autresfois animez par la seule haine de la Religion, ils ont bien osé entreprendre contre leur Reyne, main-

tenant

tenant quant à la haine de la Religion ils adiousteront de ressentiment de leur exil, dont ils sont outrez, que n'oseront-ils attenter contre nous? Et estans montez par ce changement à vne puissance excessiue, quel succez ne doiuent-ils esperer de leur entreprises, si on nous oste les moyens qui nous font subsister, & qui seuls nous peuuent couurir contre leurs violences? Partant si forcez par la necessité nous nous affermissons à vn refus, le doit on imputer à desobeissance ou rebellion? Fust-ce rebellion à Nabod, quãd il respondit au Roy Achab luy demandant sa vigne, & luy promettant en recompense ou la iuste valeur d'icelle, ou vn remplacement ailleurs? *Ia n'aduienne que ie te baille l'heritage de mes peres*? Fust-ce rebellion en Ambroise Euesque de Milan, lequel estant pressé par l'Empereur Valentinian le ieusne infecté de l'Arrianisme, de lui donner vn temple pour le bailler à ceux de sa secte, le refusa courageusement mesmes au peril de sa vie? Et si auiourd'hui nous ne pouuons consentir qu'on nous oste nos temples pour en accommoder ceux qui font profession d'vne religion contraire à la nostre, qu'on nous depouille de nos biens pour en entretenir l'idolatrie & la superstition, le doit on trouuer mauuais? l'impu-

1. Rois ch. 21.

Ambros. lib. 5. Epist. orat. in aux. ent. de basilic. tradendis.

tera on à rebellion ou felonie?

On nous menace voirement d'vne armée de dix mille hommes, mais on ne se souuient pas que cet enclume a vsé force marteaux, nous auons veu autres-fois les peuples & les Rois bandés & coniurés contre nous, mais Dieu a rendu vains & inutilles leurs efforts, nous auons veu le sang des fideles ruisseler de toutes parts: mais l'experience nous a fait voir que ce sang n'a serui que de semence & de multiplication à l'Eglise, nous auons veu les feux allumez aux quatre coins de la France, & l'Eglise, comme le buisson qui apparust à Moyse au milieu des flammes, ces feux neantmoins au lieu de la consumer & reduire en cendres, n'ont serui que d'auiuer & enflammer son zele. Contre pareilles persecutions pourquoi n'esperions nous de Dieu pareille constance, mesmes euenemens? Mais nous attendons choses meilleures de nostre bon Roy, nous nous asseurons qu'il imitera l'exemple de son Pere, lequel auant porter le nom de Grand, auoit merité celui de clement & debonnaire, Quoi que nostre Religion ne s'accorde point auec la sienne, nostre doctrine neantmoins ne cõtrarie point aux droits de sa Couronne, Nous ne croyõs point que son authorité releue ou depende d'autre que de Dieu, nous ne croyons point qu'il y ait creature qui puisse transferer son Royaume à vn autre, & nous dispenser de la fidelité

& obeissance que nous lui auons iuree, comme font nos aduersaires. Nous croyons qu'il est nostre superieur & Souuerain, & que nous sommes ses suiets, comme tels que nous sommes obligés de reueler les conspirations contre son estat, ou sa personne, par quelle voye que nous les sçachions ce que ne font pas nos aduersaires. Nostre doctrine nous enseigne de prier Dieu auec l'ancienne Eglise, qu'il luy dõne *une longue vie, un Empire asseuré, des armées puissantes, un senat fidele, un peuple obeissant,* *Tertul. apologet. cap. 11.* Et ces prieres se reiterent dedãs nos temples plus souuent en vne sepmaine, qu'en l'Eglise de nos aduersaires en tout vn an. Nous esperons aussi toute assistance fauorable de nos freres de France, & nous asseurons que nostre cause estant commune, nous aurons tous ensemble vne commune resolution à la defendre, qu'eux estans ioints auec nous par profession d'vne mesme religion, ils le seront par vne bonne & fidele correspondance, qui est pour son ciment le zele à la gloire de Dieu, & au maintien de la Religion sous l'obeissance de sa Majesté. Et quand nous n'aurions à esperer aucune faueur du costé des hommes, nous nous asseurons sur la prouidence de Dieu, c'est lui qui tient en sa main le cœur des Rois, qui les flesschit & encline puissamment, comme bon lui semble, nous esperons qu'il sera ialoux de sa gloire, qu'ayant l'œil ouuert à la conduite de toutes choses il ne le ferment point à la conseruation de son Eglise, ains il soufflera sur le dessein de ses aduersaires, le fera retomber sur leurs testes, à leur grande honte & confusion, contre leurs efforts & violences, de vigueur & de courage, contre le dessein qu'ils ont de nous perdre, d'vne ferme & constante resolution de mourir plustost, que rien relascher de ce que nous deuons à Dieu, à la religion, à l'Eglise.

FIN.

www.ingramcontent.com/pod-product-compliance
Ingram Content Group UK Ltd.
Pitfield, Milton Keynes, MK11 3LW, UK
UKHW022319170726
13837UKWH00005BA/2073

9 782019 988128